PETIT GUIDE

Le feng shui

© Nokomis - Fotolia

Qu'est-ce que le feng shui ?

« Vent et eau »

Le feng shui, littéralement « vent et eau », est à la fois un art de vivre et un enseignement.

Les concepts du feng shui, issus de la philosophie taoïste, trouvent leur source dans l'observation précise de la nature.

Ils prennent en considération une myriade de facteurs psychologiques qui affectent le subconscient. Ils étudient les conséquences de l'environnement sur la vitalité, la créativité, l'énergie ou encore le comportement d'un individu.

Le feng shui enseigne comment harmoniser son environnement avec la nature, de façon à améliorer sa santé et son bien-être personnel.

Cet art de vivre nous permet d'agir sur tous les aspects de notre vie – social, familial, affectif, professionnel, physique, etc.

AEDIS

LES 5 ANIMAUX DU FENG SHUI

Les 5 animaux mythiques du feng shui représentent notre personnalité, notre façon d'agir et d'être. Concernant la maison, ils symbolisent l'environnement idéal d'une habitation.

Le phénix : c'est… *le* ***sud****, le* ***feu****, l'****été****, le* ***rouge*** *et le* ***yin****.*
La légende veut que le phénix n'apparaisse que tous les mille ans. Le phénix est devant nous, symbolisant nos projets et les réalisations de nos rêves. Ainsi, pour une maison, il sera l'espace situé à l'avant, devant la porte d'entrée pour un appartement. Un devant de porte d'entrée encombré génère un sentiment de malaise et une vision restreinte.

Le dragon : c'est… *l'****est****, le* ***bois****, le* ***printemps****, le* ***vert*** *et le* ***yang****.*
L'absence du dragon peut engendrer une lassitude, un découragement. Le dragon se situe à gauche de l'habitation et peut être figuré dans l'environnement par un immeuble ou une montagne ; à l'intérieur de la maison, par un mobilier de haute taille ou des objets élancés et aux allures dynamiques.

> ***Bon à savoir***
> Selon le feng shui, figurés ensemble, le dragon et le phénix sont l'image d'une union solide entre un homme et une femme. Placer une telle représentation dans une chambre à coucher (seulement si on est en couple) ou dans la zone 2 (zone du couple) de l'habitation contribue à renforcer l'union d'un couple.

Le tigre : c'est… *l'****ouest****, le* ***métal****, l'****automne****, le* ***blanc*** *et le* ***yin****.*
Le tigre, de stature plus basse que le dragon, se tient sur notre côté droit. Le tigre, c'est la force et la puissance de notre bras droit ! Privilégier de petits édifices solides, peu élevés mais possédant de bonnes bases, et dans le foyer les tables basses, poufs, coussins, etc.

La tortue : c'est… *le* ***nord****, l'****eau****, l'****hiver****, le* ***noir*** *et le* ***yang****.*
La tortue à l'arrière assure une protection symbolisée par son épaisse carapace rassurante. L'absence de tortue nous rend inquiet, timoré et engendre un sentiment d'insécurité.
Il faut protéger son dos ! Pour cela, l'idéal est une bonne toiture symbolisant sa carapace et, à l'arrière de l'habitation, une colline rassurante ou tout autre édifice protecteur.

> ***À savoir !***
> Privilégiez toujours les fauteuils et autres sièges munis d'un dosseret assez haut. Le feng shui n'aime pas les tabourets !
> *Ne jamais offrir un tabouret à un invité !*

Le serpent : c'est… *le* ***centre****, notre* ***point d'ancrage*** *ou* ***celui de notre habitation****.*
Il représente la matière, la stabilité ou le pivot autour duquel s'articulent les différentes directions.
Étant notre fondement, c'est aussi le sous-sol ou la cave de l'habitation. Celle-ci doit être propre, éclairée, rangée, etc.

LES OUTILS INDISPENSABLES EN FENG SHUI

Le *lo pan* (ou *luo pan*) : appelé aussi « boussole chinoise » ou « boussole feng shui », c'est l'outil indispensable pour les praticiens de feng shui (sauf ceux appartenant à l'école de la forme). Il permet de prendre, avec une précision au degré près, toutes les directions. Il est pourvu d'une aiguille magnétique (le nord est indiqué en bas et le sud en haut), et de nombreux cercles font de lui une véritable règle à calcul.

Le carré *lo shu* : c'est l'ancêtre du carré magique d'ordre 3 tel que nous le connaissons aujourd'hui et duquel est issue la grille *pa kua*.
Une légende raconte qu'une tortue serait sortie de la rivière avec le carré magique gravé sur son dos, il y a de cela trois mille ans.

Le *ba gua* (ou *pa kua*) : le « *corps du dragon* ». C'est l'outil indispensable au feng shui, sorte de rose des vents qui se présente sous la forme d'un octogone servant à localiser les courants énergétiques et à établir des correspondances existant entre une habitation et les individus qui l'habitent. Le ***ba gua*** représente les 8 secteurs de la vie regroupés autour d'un centre.

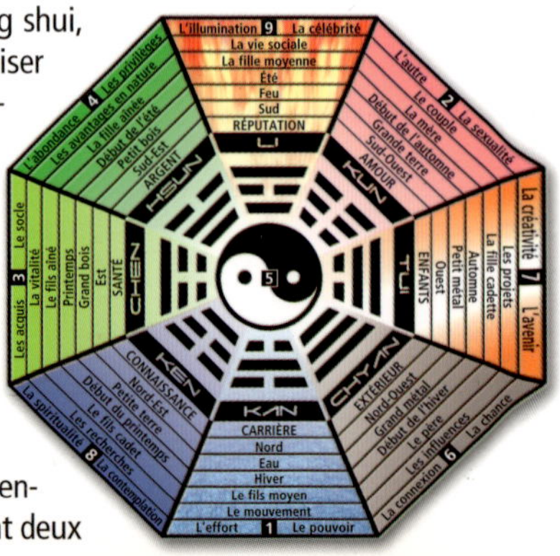

Qu'observe-t-on sur le *ba gua* ?

Le *ba gua* se lit comme une carte ou une boussole. On y trouve les 4 points cardinaux et les 8 directions, mais aussi des **trigrammes** (il y a 8 trigrammes sur un *ba gua* et chacun correspond à une direction). Un trigramme est composé de 3 traits, soit continus, soit brisés. Les traits continus sont yang et les traits brisés sont yin. Le trigramme est issu du *yi qing*.
La grille *pa kua* est compartimentée en 9 zones égales appelées *kua* ou *gua* et représentant chacune un secteur de notre vie. Il existe de nombreuses écoles de feng shui, dont deux

LE *CHI*

« Le feng shui, c'est équilibrer le chi ! »

Le *chi* est à la base de tout. C'est cette énergie émanée du tao, cette force invisible et vitale qui traverse, anime et relie tout ce qui compose l'univers et bien sûr tous les êtres vivants entre eux.
Ce flux vital circule en chacun de nous, dans l'environnement à la fois extérieur et intérieur que sont nos habitations. Il est partout présent sur la terre, tourne autour des montagnes, passe au-dessus des océans. Les Asiatiques le nomment le « souffle vital du dragon ».

Une énergie de tous les instants

L'étude et la pratique du feng shui permettent de contrôler, réguler, adapter ou renforcer cette énergie, pour en faire une source de bienfaits.
Dans le cas concret d'une habitation, le feng shui va en analyser toutes les caractéristiques, de la porte d'entrée, appelée la « bouche du *chi* », endroit par lequel cette énergie entre dans l'habitat, jusque dans les moindres recoins de la maison.

Et le **sha** *(ou shar) ?*
L'énergie doit absolument circuler afin d'insuffler une dynamique aux choses comme aux êtres.
Lorsque cette énergie, appelée *chi*, est bloquée d'une manière ou d'une autre, elle s'immobilise et stagne, générant alors des ondes négatives nocives appelées ***sha***.
En feng shui, tout repose sur la bonne circulation et la qualité de cette énergie.

Où se cache-t-il ?
Conditions favorables à la naissance du sha *: saleté, humidité, froid, manque d'air, de lumière, de sons et de couleurs... Manque de vie !*

Shar chi !
Étymologiquement « souffle qui tue », ce *chi* néfaste est produit essentiellement par ce que l'on appelle des « flèches empoisonnées » (formes aiguës, pointues, angles, etc.).

• À la maison
Dans toutes les zones d'immobilisation qui se trouvent entre les meubles, les objets imposants et lourds, comme les statues ; dans les angles et les recoins inaccessibles et peu ou pas éclairés ; sous les escaliers.
Et, surtout, dans la poussière, les minons, la saleté, l'humidité, les poubelles, la vaisselle et le linge sales et dans toutes les matières inertes : rideaux, tapis et autres tentures.

D'où l'importance primordiale de la propreté et du rangement en feng shui. On ne peut concevoir le feng shui sans ces conditions !

• À l'extérieur
La nature ignore les lignes droites, elles ont été créées par la main de l'homme. Ces lignes droites sont appelées les **« flèches du *sha* »**. Ainsi, lorsque l'énergie du *chi* ne rencontre aucun obstacle sur sa route, elle s'intensifie, prend de la vitesse et frappe de plein fouet tout ce qui se trouve en face d'elle. Elle devient alors une énergie violente, dangereuse et négative, se transformant en ***sha***.

Quelques flèches *sha* : routes droites, fils électriques, chemins de fer, tours et immeubles imposants et rectilignes, poteaux électriques, etc.

Le lit est mal placé, le chi perturbe le sommeil

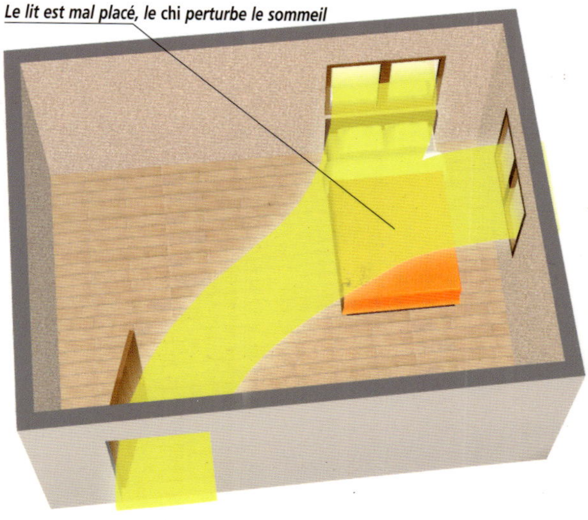

Le lit est bien placé, le chi ne perturbe pas le sommeil

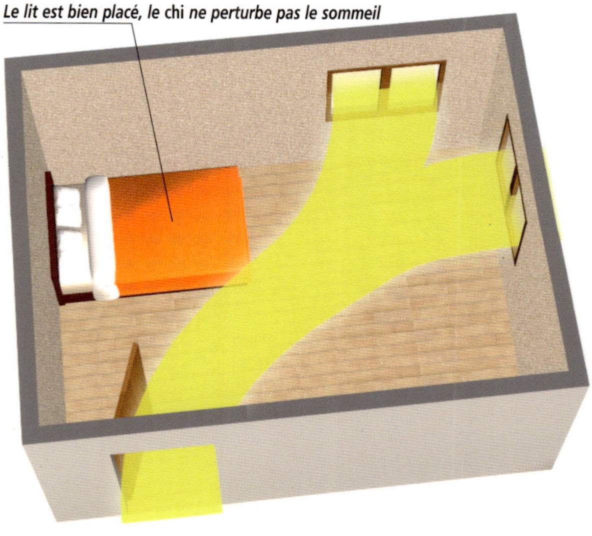

LE YIN ET LE YANG

Le feng shui puise sa source dans l'interaction du yin et du yang, du blanc et du noir, du jour et de la nuit, de l'homme et de la femme ou encore de soi et de son opposé !

Le **yin** est l'énergie réceptive, qui engendre l'immobilité, le calme, l'obscurité, l'humidité et le froid. On associe le yin au côté féminin et à l'astre lunaire.

Le **yang** est l'énergie créatrice, qui engendre le mouvement, la force, la lumière et la chaleur. On associe le yang au côté masculin et à l'astre solaire.

LES 5 ÉLÉMENTS ET LEURS INTERACTIONS

L'Orient reconnaît un système de 5 éléments : l'eau, le métal, le bois, la terre et le feu. En fait, l'élément « air » a été remplacé par le métal et le bois. Toute la philosophie et les techniques asiatiques reposent sur ces 5 éléments.

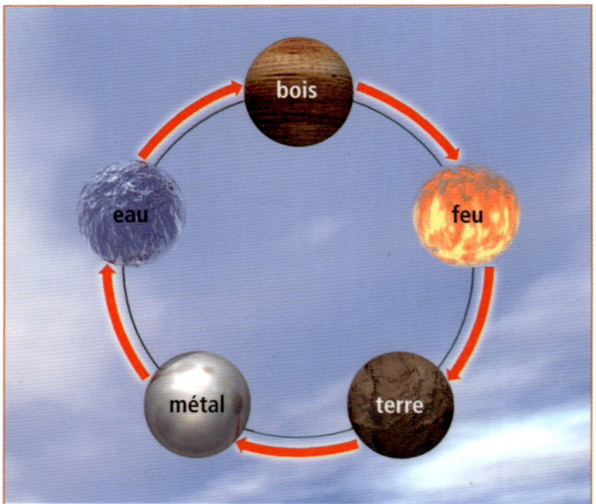

Le cycle constructif
L'eau nourrit le bois.
Le bois se consume pour alimenter le feu.
Le feu nourrit la terre.
La terre nous offre des minéraux.
Le métal dissous enrichit l'eau.

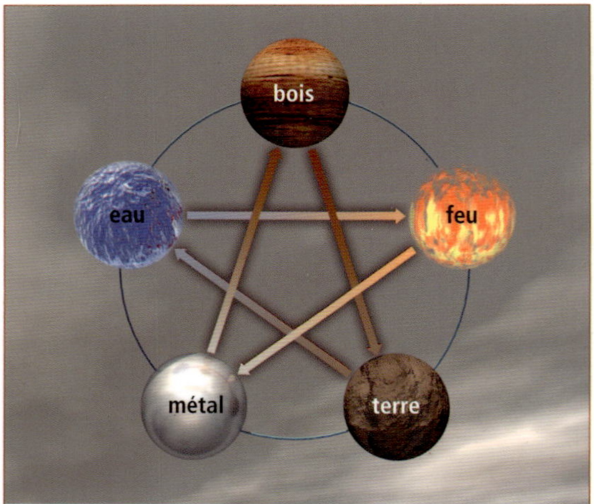

Le cycle destructeur
Le feu fait fondre le métal.
Le métal scie le bois.
Le bois déshydrate la terre.
La terre retient l'eau.
L'eau éteint le feu.

Représentent le feu : les bougies, l'électricité, le téléviseur, le chauffage, la cuisinière.
Conseils déco : un feu de cheminée, de belles bougies.

Représentent la terre : la pierre, la brique, les tapis, la porcelaine, le marbre, la faïence.
Conseils déco : récipients et objets décoratifs en terre cuite, en faïence ou en céramique.

Représentent le métal : le réfrigérateur, les outils, les casseroles.
Conseils déco : objets en fer forgé, meubles et étagères en métal.

Représentent l'eau : les fenêtres, tous les objets en verre, la plomberie, les toilettes, l'évier.
Conseils déco : un aquarium muni d'une pompe à oxygène, une fontaine avec de l'eau qui coule sur de petits cailloux polis.

Représentent le bois : le bois, le rotin et l'osier, les plantes, les livres et tous les objets en rapport avec le papier.
Conseils déco : un parquet en bois, des objets décoratifs en bois.

LE FENG SHUI À LA MAISON

Les pièces yang sont : la cuisine, l'entrée, le bureau, la salle à manger.
Les pièces yin sont : les chambres, les salles d'eau, les WC, le salon, la bibliothèque, les débarras.
Les 3 pièces stratégiques ou les 3 points vitaux selon le feng shui : ***l'entrée*** *(et le couloir)*, ***la cuisine*** et ***la chambre***.

L'entrée (et le couloir)

La porte d'entrée principale d'une habitation est aussi appelée « bouche du *chi* ». Elle est considérée comme l'ouverture essentielle par laquelle s'engouffre le *chi* pour ensuite se répartir dans toute la maison ; son importance est donc primordiale.

- ***L'entrée*** *est en lien direct avec le monde extérieur et tout ce qui relève du domaine relationnel, notre relation aux autres.* D'où l'importance de la qualité des vibrations régnant dans cette pièce, car elles vont directement imprégner l'énergie du *chi* entrant, qui va ensuite se répandre dans toute la maison.

> ***Bon à savoir !***
> Dans le cas d'une habitation à plusieurs entrées, le feng shui retient comme entrée principale celle que l'on a l'habitude d'utiliser le plus, même si cela correspond à la porte du garage ou à une entrée de jardin se situant derrière la maison.

- ***Erreurs à éviter !***

Ne pas l'encombrer de portemanteaux croulant sous le poids de vêtements ou encore ne pas laisser traîner de nombreuses paires de chaussures. Ne pas laisser s'entasser poussière, désordre et poubelles. Ne jamais entreposer de poubelles dans l'entrée ou devant la porte d'entrée côté extérieur.

La cuisine

C'est la pièce où l'on prépare les aliments qui serviront à nourrir le corps et donc contribueront à une bonne santé.

- ***Erreurs à éviter !***

Positionner côte à côte l'évier, la cuisinière, le lave-linge ou lave-vaisselle et le réfrigérateur, car l'eau éteint le feu et tout ce qui cuit perd de sa vitalité. Exposer les couteaux et autres ustensiles pointus et tranchants. Les éléments en hauteur – ou les limiter.

- ***Conseils utiles...***

Éviter la poussière, le désordre et les poubelles à même le sol. La poubelle doit être cachée sous l'évier ou un autre meuble.

- ***La lumière***

Le plus de lumière naturelle possible. Bannir les néons. Une lumière centrale de belle clarté assortie de spots lumineux pour éclairer les éventuels coins d'ombre.

- ***La déco***

Le blanc dans cette pièce est à rehausser de touches de couleur, car il manque de vitalité. Le vert vif et l'orange sont des couleurs dynamisantes pour une cuisine. Éviter le bleu et le violet, ou alors mélangés à d'autres couleurs comme le jaune ou le vert.

> ***À savoir !***
> Se débarrasser de tous les objets cassés, ébréchés ou abîmés, ou les remplacer : ils attirent la malchance. Ne pas tarder à changer une ampoule grillée ou à réparer une pendule qui retarde ou avance...

La chambre

Ce lieu doit être consacré essentiellement au sommeil et à... l'amour !

Conseils utiles pour...

- ***La déco***

En feng shui, les couleurs jouent un rôle essentiel. Dans la chambre, opter pour des couleurs froides sur les murs, comme le bleu, le mauve, le blanc ou le gris. Côté literie et rideaux, réchauffer l'atmosphère avec des teintes chaudes et plus douces.

- ***La position du lit***

Selon le feng shui, le lit doit être le plus éloigné possible de la porte d'entrée, et l'on doit avoir vue sur la porte lorsque l'on est couché. Ne jamais avoir la porte dans son dos, sur un côté ou installer le lit dans un angle. Par ailleurs, les pieds de celui-ci ne doivent pas se trouver juste en face de la porte de la chambre (position dite « du défunt »). Enfin, il faut que la tête de lit soit bien calée contre le mur. Avoir une tête de lit est préférable ; dans le cas contraire (lit futon), ajouter des coussins muraux.

- ***La lumière***

Si besoin, revoir l'éclairage. Pour assurer une ambiance feng shui à votre chambre, ce dernier doit être doux et tamisé. Éviter les suspensions au-dessus du lit, absolument pas feng shui ! Préférer les lampes de chevet. Supprimer aussi les miroirs : ils n'ont pas leur place ici !

- ***L'atmosphère***

Pour donner une atmosphère feng shui à la chambre, opter de préférence pour une bougie au santal (bougie à la cire d'abeille sans parfum de synthèse). Son action purificatrice éloigne les mauvaises vibrations. Quelques gouttes d'huile essentielle de lavande, par exemple sur l'oreiller, détendent et facilitent le sommeil.

Aérer la pièce le matin en ouvrant grandes les fenêtres quelques minutes.

- ***Pour mon bien-être***

Dormir sous un enchevêtrement de fils électriques n'est absolument pas feng shui. La chambre est une pièce de repos, pas un bureau. Les ordinateurs, télés ou autres jeux vidéo sont à installer dans une autre pièce.

Placer des galets arrondis dans une coupelle en verre, posée sur la table de nuit : le must paraît-il pour retrouver un sommeil paisible !

C'est banal à dire, mais l'essentiel pour une chambre feng shui est de faciliter la circulation du *chi*. Donc faites le grand ménage ! Le lit doit être fait (après avoir été aéré) et propre. Les draps doivent être changés régulièrement.

• ***Astuces chambre !***
Placer une petite clochette dans votre chambre et faites-la tinter régulièrement lorsque vous y entrez. Cela élimine les vibrations négatives qui pourraient perturber votre sommeil.

• ***Et pour une chambre d'enfant, le feng shui recommande...***
Les enfants passent plus d'un tiers de leur vie dans leur chambre.
Meilleures orientations : le nord, le nord-ouest ou l'ouest.
Beaucoup de couleurs, pas de couleurs ternes ou pâles.
Des formes rondes plutôt que carrées ou anguleuses.
Les peintures ou autres produits de décoration sans solvant ou produits toxiques.
Pour le lit, une structure en bois plutôt qu'en métal.

> ***Bon à savoir***
> Changer les meubles de place de temps à autre procure un nouvel élan à notre vie. Tout changement opéré dans notre intérieur s'accompagne d'un changement dans notre existence.

• ***Erreurs à éviter !***
Attention aux miroirs dans les chambres... Ils réveillent les énergies et favorisent l'agitation et le manque de sommeil.
Placer une télévision dans une chambre est déconseillé, car cela perturbe le sommeil et gêne le repos.
Éviter tout matériel générant des ondes électromagnétiques (réveil électrique, télévision, ordinateur, etc.) dans la pièce où vous espérez trouver repos et apaisement.

• ***Astuce !***
Si vous possédez une télévision dans votre chambre, éloignez-la à plus de 2 mètres du lit.
Le lit ne doit être ni trop haut ni trop bas. Dormir au sol n'est pas recommandé. Le *chi* doit pouvoir circuler sous le lit.
Ne rien placer non plus sous le lit – ni boîte ni bac de rangement – qui favoriserait la confusion.

Les autres pièces...

La salle à manger

Pièce conviviale.
À l'est, le plein de vitalité.
À l'ouest, pour le plaisir et la bonne chère.
Au sud-est, pour les échanges.

Conseils utiles pour...

• ***La déco***
Tous les styles sont possibles.

• ***La lumière***
Une belle clarté naturelle le jour et plusieurs points de lumière ou des chandelles pour le soir. Une lumière douce plutôt que vive.

• ***Astuces salle à manger !***
Préférer une table ronde, plus conviviale.

• ***Erreurs à éviter !***
La salle à manger ne doit pas être plus basse que la cuisine ou le salon. Éviter de descendre des marches pour y accéder.
Les toilettes ou la salle de bains ne doivent pas donner sur cette pièce.
Éviter une table transparente ou en verre (ne représente pas la stabilité nécessaire).

Le salon

Souvent pièce à tout faire de la maison. Les zones « réputation, carrière et aides extérieures » doivent être particulièrement soignées.

Conseils utiles pour...

• ***La déco***
Veiller tout particulièrement au rangement de cette pièce.

• ***La lumière***
Privilégier les lumières indirectes.

• ***Astuces salon !***
Le violet conviendra plus spécialement à un couple sans enfants.
Le jaune ou l'orangé inviteront à la discussion et à l'harmonie.

• ***Erreurs à éviter !***
La couleur rouge, trop perturbante, n'est pas recommandée dans le salon, ou alors par petites touches légères.

Le bureau

• ***La pièce***
Un bureau professionnel « à la maison » nécessite une certaine organisation, car, selon l'aménagement, les affaires peuvent être fructueuses ou non. L'est favorise les nouveaux projets, le nord-est la concentration.
Un bureau privé est à éloigner de l'entrée ou des WC, car ce sont des pièces trop fréquentées.
Un bureau professionnel à la maison fait partie de la zone sociale et doit dans ce cas être placé plutôt dans l'entrée ou avec accès direct sur celle-ci.

• ***La déco***
Fonctionnelle. Tonalité plutôt yang. Associer le bois et le métal.
Le rose favorise les relations commerciales alors que le vert convient parfaitement au bureau des thérapeutes ou des médecins.

• ***La lumière***
Un éclairage naturel ne suffit pas toujours, donc prévoir un éclairage assez fort. Il ne doit pas y avoir de zones d'ombre dans cette pièce !

• ***Astuces bureau !***
Vider régulièrement la corbeille à papier.
Placer une belle plante florissante et prospère sur le bureau dans la zone richesse.
Éviter d'entasser des dossiers à classer ou à payer à gauche sur le bureau.
Que cela concerne un bureau à domicile ou à l'extérieur...

• ***Erreurs à éviter !***
Faire son bureau en hauteur sur une mezzanine (le niveau ciel ne convient pas pour un bureau).
L'endroit doit être isolé du bruit et favoriser la concentration.
L'orange favorise la dispersion.
Le violet soutient la recherche, les études ou l'intuition mais

qui se distinguent : l'**école de la forme** et l'**école de la boussole**.
L'école de la forme (dite « école des bonnets jaunes » ou « école tibétaine ») positionne toujours la boussole ou le *ba gua* par rapport à la porte d'entrée.
L'école de la boussole est basée sur les axes cardinaux et ses 4 intermédiaires, et l'énergie suit le tracé du soleil.
Le **pa kua** *sert à déterminer les secteurs de notre vie que nous avons besoin d'améliorer ou d'équilibrer.*

Zone 1 – *Élément :* eau – Le nord – Le noir – L'hiver.
La carrière et tout ce qui se rapporte à la profession. Également la stabilité du foyer.
Conseils : ne pas y placer tout ce qui peut être mouvant, comme des horloges.

Zone 2 – *Élément :* terre – Le sud-ouest – Le rose – Le début de l'automne.
L'amour mais aussi l'amitié, la sexualité, le couple, l'affectivité.
Conseils : éviter les cactus, les fleurs séchées et les images de solitude.

Zone 3 – *Élément :* bois – L'est – Le vert – Le printemps.
La famille et par extension la communauté, les parents, la famille au sens large, les voisins, l'héritage et également la santé.
Conseils : éviter à tout prix les représentations de deuil, de fin, les armes de toute nature.

Zone 4 – *Élément :* bois – Le sud-est – Le vert et le rouge – Le début de l'été.
L'argent, la prospérité et la richesse – la gestion des finances, l'attitude face au matériel, la capacité à attirer et à retenir l'argent.
Conseils : proscrire toute représentation de vide, de manque, les poubelles et les fleurs séchées.

Zone 5 – *Élément :* les 5 réunis – Le centre – La fin de l'été.
L'équilibre, le tao, peut représenter aussi la santé.
Conseils : accorder un soin particulier à cette zone, car, si elle est perturbée, toutes les autres le seront.

Zone 6 – *Élément :* métal – Le nord-ouest – Le gris – Le début de l'hiver.
Les relations, les aides extérieures et la communication.
Conseils : c'est la place du téléphone, de l'ordinateur, d'une mappemonde et autres objets de voyage.

Zone 7 – *Élément :* métal – L'ouest – Le blanc – L'automne.
Les projets, la créativité, l'intuition, l'imaginaire, les enfants, la fertilité.
Conseils : éviter la télévision.

Zone 8 – *Élément :* terre – Le nord-est – Le noir, le bleu nuit – Le début du printemps.
La connaissance, l'expérience, la sagesse, la culture.
Conseils : éviter tout ce qui figure le vide et le manque.

Zone 9 – *Élément :* feu – Le sud – Le rouge – L'été.
La réputation et tous les aspects de la vie sociale.
Conseils : les poubelles, les fleurs fanées, l'eau croupie… sont à éviter.

LA GRILLE *PA KUA*

Dessin de la grille *pa kua* : *une fois le chiffre* **kua** *connu ainsi que les* **directions favorables**, *procéder ainsi :*
Sur une feuille de papier à carreaux ou millimétré, établir le schéma de son habitation en reproduisant les murs extérieurs, les cloisons intérieures ainsi que les portes, fenêtres, balcons ou terrasses.
Bien représenter l'emplacement de la porte d'entrée principale, puis faire correspondre la base de la grille (du *pa kua*) représentée par la ligne droite reliant le nord-est au nord-ouest avec la ligne figurant le mur où se trouve la porte d'entrée de l'habitation (selon l'école de la forme). L'école de la boussole quant à elle n'alignera pas forcément le nord sur la porte d'entrée et le calcul ne pourra se faire sans boussole chinoise (*lu pan*).

À savoir ! On peut utiliser ensuite cette grille pour chaque pièce.

RICHESSE ET PROSPÉRITÉ	RENOMMÉE	AMOUR ET RELATIONS
FAMILLE ET SANTÉ		ENFANTS ET CRÉATIVITÉ
SAGESSE ET CONNAISSANCE	CARRIÈRE	BIENVEILLANCE ET PROTECTION

Entrée de la maison ou de la pièce

Comment s'en servir ?
Il suffit de poser la grille *pa kua* sur le plan de la maison en commençant toujours par l'entrée (s'il y a plusieurs entrées, choisir la plus fréquentée). Dans le cas d'un immeuble, prendre la porte de l'appartement, plus importante que celle du bâtiment.

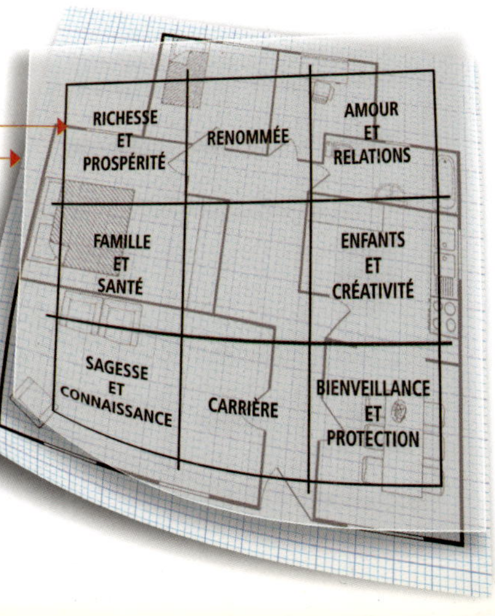

À noter ! L'idéal pour une maison serait de posséder des fenêtres s'ouvrant sur les 4 points cardinaux.
Les 3 sources énergétiques principales sont : l'air, la lumière et l'éclairage, la chaleur.

ne favorise pas les rentrées d'argent !

Et… ne pas installer le bureau dans votre chambre si vous voulez préserver à la fois votre sommeil et votre vie amoureuse !

La salle de bains

La propreté et l'ordre sont primordiaux, car ils nous parlent de l'image que nous avons de nous-même. Selon le feng shui, la salle de bains représente nos organes internes.

- ***La déco***

Le vert, le blanc, le rose, le bleu ou une teinte pêche conviennent très bien avec du doré en petites touches.

- ***La lumière***

Privilégier des spots de lumière indirecte ou autour d'un miroir ; pas de lumière plongeante.

- ***Astuces salle de bains !***

Installer un petit miroir sur la porte.

Tenir la porte toujours fermée !

Désodoriser en plaçant un pot-pourri à même le sol dans une vasque en pierre.

Stabiliser l'énergie en plaçant de gros galets arrondis et noirs le long de la baignoire ou de la douche, surtout si la pièce se trouve dans la zone richesse (sud-est). Cela évite les pertes d'argent.

- ***Erreurs à éviter !***

Lavabos, bidets, douches ou baignoires bouchés, sales ou encombrés génèrent des problèmes digestifs ou d'argent.

Attention aux difficultés d'argent ou de santé si un mur mitoyen jouxte la chambre, la salle à manger, le bureau ou, pire, la cuisine !

Dans une maison à étages, ne pas disposer la salle de bains (*idem* pour les toilettes) au-dessus de la cuisine ; la porte d'entrée ou la salle à manger entraînent malchance et problèmes financiers pour toute la maisonnée !

Les toilettes

- ***La déco***

Propre et le plus sombre possible. Cette pièce ne doit pas être mise en évidence. Peindre la porte extérieure en rouge pour stabiliser les énergies de terre.

- ***La lumière***

L'éclairage : doux et feutré et si possible orienté vers les murs. La cuve des toilettes doit être éclairée le moins possible.

- ***Astuces toilettes !***

Pensez à aérer régulièrement. Cinq minutes suffisent à disperser les énergies stagnantes et à « ranimer » un espace confiné.

- ***Erreurs à éviter !***

Une lumière trop vive qui mettrait en vedette le *chi* de cette pièce consacrée à l'évacuation des déchets.

Ne jamais laisser ouvert l'abattant des toilettes et toujours le refermer avant de tirer la chasse d'eau.

Éviter que cette pièce se trouve à côté [illegible] cuisine ou au-dessus (dans le cas d'une habitation [illegible]urs niveaux).

La cave et le grenier

Le rangement et la pr[illegible] importants, tout comme [illegible]

Le dressing et autres placards

L'ordre, la propreté et un bon éclairage s'imposent, car vous y disposez les vêtements et accessoires que vous portez sur vous. Un mauvais *chi* les dévitalise.

Un mot sur…

- **Les portes** : en feng shui, la porte figure la bouche. Pas plus de 3 portes par pièce si l'on veut éviter les confrontations. La porte d'entrée est la plus importante, rien ne doit faire obstacle à son ouverture. Les portes qui grincent entraînent des pertes d'argent.
- **Les fenêtres** : ce sont les yeux de votre habitation mais également les vôtres ! Tenir les vitres propres pour obtenir une vision lointaine, faire des projets et surtout qu'ils se réalisent !
- **Les escaliers** : fuir les escaliers sans contremarche, en colimaçon, au milieu d'une pièce ou sans rampe !
- **Les poutres** : pas dans une chambre et encore moins au-dessus du lit ! Ce sont des « flèches empoisonnées » !
- **Les colonnes** : ce sont aussi des « flèches empoisonnées » ! Au milieu d'une pièce, elles la coupent et perturbent le *chi* !
- **Les poubelles** : pas de poubelles devant la porte d'entrée, dans l'entrée ou les zones de richesse, prospérité, réputation, image de soi, enfants, couple ou santé. L'idéal est d'avoir un local adjacent à la cuisine où mettre la poubelle. Et ne jamais laisser une poubelle déborder, la vider régulièrement.
- **Et… le désordre** : il engendre les énergies stagnantes et donc le *sha*.

Nos amis les bêtes…

Outre le fait qu'ils apportent d'excellentes énergies yang dans une maison, ces petits amis contribuent par leurs déplacements à répartir le ***chi*** partout dans l'habitation.

Et à l'extérieur de la maison…

Un petit tour par le balcon

Le balcon n'est pas un dépotoir ! Ne pas l'encombrer de poubelles, vélos ou autres objets. Le fleurir avec de belles plantes respirant la santé.

ISBN 978-2-84259-378-0

9 782842 593780

Texte : Martina Krčmár - Illustrations : Pierre Quentin
Dépôt légal : 1er trimestre 2010